Jannatul Ferdus Taposi

System zur Veröffentlichung von Online-Ergebnissen

Jannatul Ferdus Taposi

System zur Veröffentlichung von Online-Ergebnissen

ScienciaScripts

This book is a translation from the original published under ISBN 978-620-2-31292-9.

Publisher:
Sciencia Scripts
is a trademark of
Dodo Books Indian Ocean Ltd. and OmniScriptum S.R.L publishing group

120 High Road, East Finchley, London, N2 9ED, United Kingdom
Str. Armeneasca 28/1, office 1, Chisinau MD-2012, Republic of Moldova, Europe
Printed at: see last page
ISBN: 978-620-7-95083-6

Bismillahir rahmanir rahim (Em nome de Deus, o Misericordioso, o Compassivo).

Que a paz esteja com os Seus servos que Ele escolheu (para a Sua mensagem).

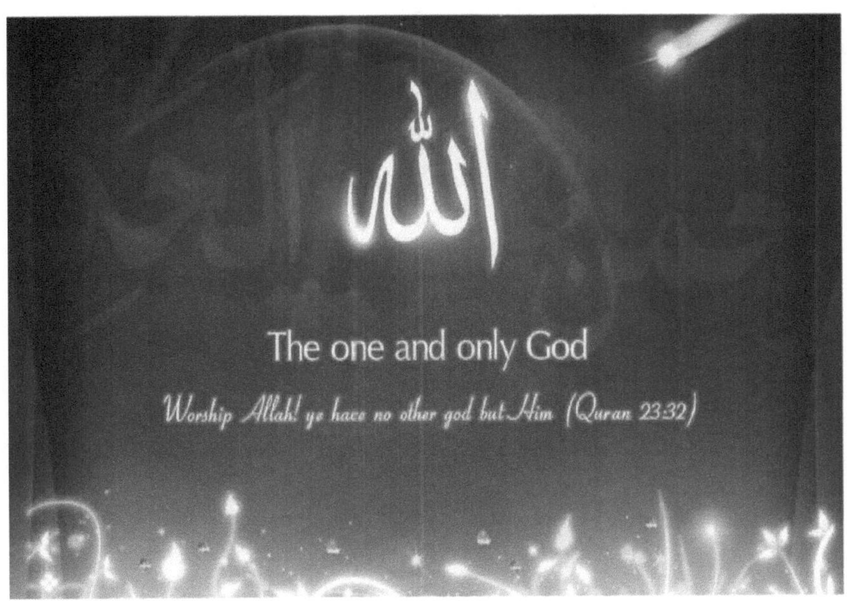

Alhamdulillah (Todos os louvores e agradecimentos a Alá) que não há nenhuma situação

que eu viva sozinho, Alá está sempre comigo.

LISTA DE ACRÓNIMOS

GPA   Grade Point Average
CGPA   Cumulative Grade Point Average
SQL   Structured Query Language
SDLC   System Development Life Cycle
PHP   PHP Hypertext Preprocessor
HTML   Hyper Text Markup Language
RAM   Random Access Memory

CAPÍTULO 1

INTRODUÇÃO

1.1 Visão geral

O EMCS (Executive Master in Computer Science), JU publicou os resultados no quadro de avisos e não em linha. Não existe um software baseado na Internet para publicar os resultados, pelo que os estudantes não podem consultar os seus resultados em linha. Se um estudante quiser consultar os seus resultados, tem de se deslocar pessoalmente à universidade. É preciso mais tempo e mais deslocações para obter os resultados. Mas se o sistema de publicação de resultados da EMCS estivesse em linha, um estudante poderia obter o seu resultado de tempos a tempos sem qualquer dificuldade. Tendo em conta este ponto de vista, tentei desenvolver o sistema de publicação de resultados em linha do EMCS para o programa JU EMCS. Assim, os estudantes podem facilmente obter os resultados utilizando o sistema a partir de casa, do escritório ou de qualquer outro sítio.

1.2 Sobre o programa EMCS, JU

As horas de crédito necessárias para o grau de Mestre em Ciências Informáticas são *24 horas de crédito* para estudantes com um grau de 4 anos ou para estudantes com um grau de 3 anos e pelo menos 1 ano de M.Sc./M.S. Os estudantes com formação académica em B.Sc. em CSE/CS/CE/CSIT/ECE/ETE/EEE ou equivalente devem completar 6 horas de crédito como pré-requisito. Os estudantes com outras formações académicas devem completar até 15 horas de crédito em cursos de pré-requisito. Os alunos que não tenham uma licenciatura nas áreas acima referidas, mas que pretendam receber uma dispensa com base no seu grau de bacharel, devem solicitar ao comité de equivalências uma dispensa dos pré-requisitos.

Academic Background	*Prerequisite (Cr. Hrs.)*	*Theory (Cr. Hrs.)*	*Research Project (Cr. Hrs.)*	*Total (Cr. Hrs.)*
Category A	6	21.0	3.0	24.0
Category B and C	15.0	21.0	3.0	24.0

Sistema de categorização

As notas numéricas globais obtidas por um aluno em cada curso são convertidas em notas por letras. Podem ser atribuídas notas de 10 letras para a avaliação dos trabalhos de curso e outros trabalhos. Os pontos de conversão das notas em letras e os pontos de classificação são os seguintes:

Duration of Course:	1 year (3 trimester)		
Duration of Trimester:	4 months		
Grading System:	**Required Courses**	Marks range	Later Grade	Grade Point

		Marks range	Later Grade	Grade Point
Grading System:	**Required Courses**	80% or above	A+	4.00
		75% to <80%	A	3.75
		70% to <75%	A-	3.50
		65% to <70%	B+	3.25
		60% to <65%	B	3.00
		55% to <60%	B-	2.75
		50% to <55%	C+	2.50
		45% to <50%	C	2.25
		40% to <45%	D	2.00
		<40%	F	0.00
	Prerequisite courses	50% or above	PASS	—
		<50%	FAIL	—

1.2.2 Créditos obtidos/graus de qualificação

1. A nota de aprovação para uma determinada disciplina é "D", ou seja, as disciplinas em que um estudante obteve "D" ou melhor só serão contabilizadas como créditos obtidos por ele.

2. As disciplinas classificadas com "F" não serão contabilizadas no cálculo da média de notas (GPA) e das horas de crédito exigidas.

3. Se um aluno receber uma classificação de "F" numa disciplina num período, pode repetir essa disciplina de acordo com as normas da Universidade.

4. Um aluno deve desistir oficialmente de uma disciplina no prazo de duas semanas úteis após o início do período letivo, caso contrário, a sua classificação nessa disciplina será "F".

5. Um estudante pode desistir e mudar de curso no prazo de duas semanas úteis após o início do período letivo, com o acordo do presidente e do(s) responsável(eis) pelo curso em causa.

6. 5. um estudante não pode frequentar mais do que dois cursos para efeitos de melhoria de classificação durante todo o programa de estudos, desde que o seu CGPA seja inferior a 2,50 antes do período em que entra para melhoria de classificação.

7. 1.2.3 Cálculo do GPA

8. A média de notas (GPA) é a média ponderada das notas obtidas em todos os cursos frequentados por um aluno. Por exemplo, se um aluno concluir quatro disciplinas num período letivo com os créditos C1, C2, C3, C4 e C5 e as suas classificações nessas disciplinas forem G1, G2, G3, G4 e

9. G5 ou depois,

$$GPA = \frac{\sum C_i G_i}{\sum C_i} \quad \text{where } i = 1 \text{ to } 5$$

<u>Um exemplo numérico</u> Suponha que um aluno concluiu cinco disciplinas num período e recebeu as

seguintes notas:

Em seguida, o seu GPA para o período letivo é calculado da seguinte forma:

$$GPA = \frac{3(4.00)+3(2.50)+3(2.00)+3(3.00)+3(3.00)}{(3+3+3+3+3)} = 2.90$$

Course	Credit	Grade	Grade Points
EMCS 651	3	A+	4.00
EMCS 602	3	C+	2.50
EMCS 603	3	D	2.00
EMCS 607	3	B	3.00
EMCS 609	3	B	3.00

A média acumulada de notas (CGPA) é calculada através da média das notas obtidas em dois ou mais períodos consecutivos.

1.3 Objectivos

Os principais objectivos do meu trabalho são os seguintes:

a. O resultado é muito fácil de alcançar para os alunos.

b. O programa deve ser digitalizado para que todo o trabalho possa ser efectuado através de programas informáticos. c. As dificuldades dos professores, da administração e dos estudantes devem ser reduzidas.

d. O atual sistema do EMCS e da empresa comum deve ser tornado mais eficiente.

1.4 Sistema EMCS existente para publicação de resultados

Agora, os professores introduzem o registo de dados no MS Excel e imprimem-no. O registo dos

resultados é então enviado ao administrador. Quando todo o trabalho necessário estiver concluído, o

administrador afixa os resultados no quadro de avisos. Em seguida, os alunos reúnem-se em frente ao

quadro de avisos, procuram o seu resultado e escrevem-no na sua folha. Não existe software para

publicar os resultados em linha nem uma base de dados na Internet. Todo o processo de registo

existente é apresentado a seguir.

Figura 1: Sistema atual de publicação dos resultados do EMCS, JU

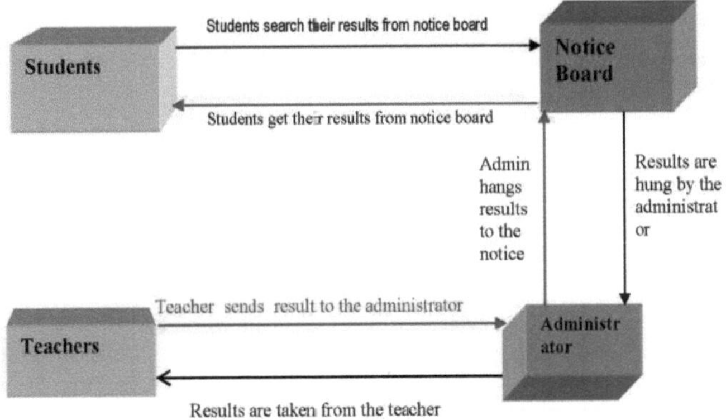

1.5 Problemas com o sistema atual

1.5.1 Demora
O atual processo de registo é muito moroso.
Perde-se muito tempo precioso a introduzir um novo registo de dados no sistema EMCS, JU existente.

1.5.2 Possibilidade de falhar a entrada
Também é possível falhar a entrada. Os professores introduzem as informações sobre os alunos, as disciplinas ou os resultados. Os administradores guardam depois os registos na sua própria gaveta. Infelizmente, os registos podem perder-se em qualquer altura.

1.5.3 Pesquisa difícil de registos anteriores
Se os administradores quiserem procurar um registo de dados anterior, são confrontados com muitos problemas. Os administradores têm de procurar em todo o documento para encontrar o registo anterior. Se quiserem procurar um registo de há um ano, é uma tarefa muito difícil. Há muitos livros de registos. Têm de procurar em todos eles.

1.5.4 Os alunos têm problemas
Uma vez que não se trata de um processo de atualização seguro, os alunos podem também enfrentar muitos problemas. Se um resultado incorreto for acidentalmente publicado, a edição no quadro de avisos causa ansiedade a alunos e professores.

1.6 Nova proposta de sistema de publicação de resultados

No novo sistema proposto, haverá um software baseado na Internet. Haverá também uma base de dados central. O software baseado na Web será ligado à base de dados central. Haverá pelo menos dois computadores na administração onde será instalado o software baseado na Web. Os estudantes poderão aceder aos resultados, incluindo o CGPA, em linha a partir dos computadores. Isto também reduzirá a carga de trabalho dos administradores e professores. Estes deixarão de ter de introduzir os resultados manualmente. Se os administradores/professores pretenderem verificar a informação sobre os resultados, podem recuperá-la facilmente utilizando a identificação do aluno. Os administradores/professores podem também visualizar os registos anteriores utilizando este software. No sistema proposto, haverá também um software offline. Também estará ligado à base de dados central. O software offline é efetivamente um software de cópia de segurança. Todos os campos estão presentes tanto no software baseado na Web como no software offline. Assim, se por algum motivo o software baseado na Web for corrompido, o software offline criará uma cópia de segurança. Os professores também podem introduzir o registo através do software offline. Todos os dados serão armazenados numa base de dados centralizada e o sistema proposto criará uma ligação entre administradores, professores e alunos. No novo sistema proposto pelo EMCS, JU, os administradores podem também verificar as informações sobre os resultados dos alunos acedendo às páginas do sistema.

O novo sistema proposto para o EMCS, JU é apresentado no diagrama abaixo:

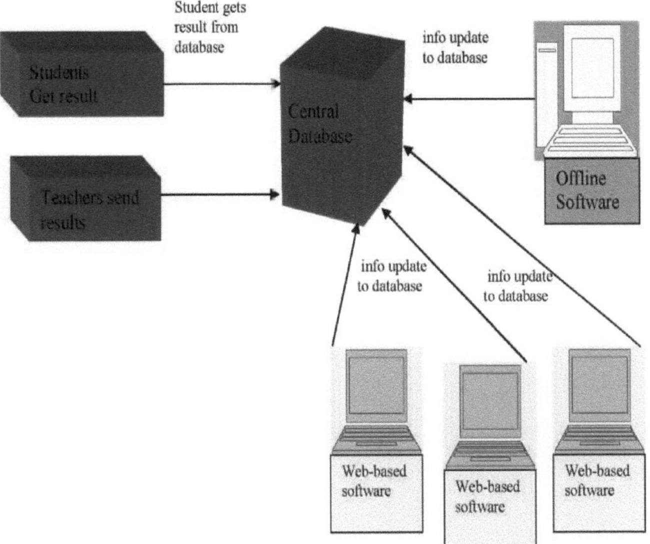

Figura 2: Novo sistema proposto para introdução e visualização de resultados

1.7 Vantagens do novo sistema proposto

> O professor pode facilmente atualizar um conjunto de dados.
> O administrador/professor pode acompanhar facilmente cada aluno.
> O professor pode encontrar facilmente os resultados dos alunos para uma determinada disciplina e eliminar informações desnecessárias.
> Os estudantes podem aceder facilmente aos seus resultados CGPA e às disciplinas em linha utilizando este sistema.
> Os administradores não têm de levar consigo todos os documentos.
> O sistema proposto permitirá poupar muito tempo e dinheiro.
> Os rigores do trabalho são reduzidos.

CAPÍTULO 2

ANÁLISE DE SISTEMAS E SISTEMA

DESENVOLVIMENTO

2.1 ANÁLISE DO SISTEMA

A análise do sistema consiste em descobrir o que o sistema deve tratar, e não em decidir como o tratar.

A análise é a primeira oportunidade para lidar com a modelação do mundo real como objectos.

A análise do sistema é indispensável porque dá resposta às questões

- Quem vai utilizar o sistema?

- O que é que o sistema vai fazer?

- Onde e quando é utilizado?

Nesta fase, a equipa de projeto analisa o sistema existente, identifica potenciais melhorias e desenvolve um conceito para o novo sistema.

2.2 ESTUDO DE VIABILIDADE

Viabilidade significa literalmente se uma ideia vai funcionar ou não. O estudo de viabilidade é uma avaliação e análise do potencial de um projeto proposto, com base numa pesquisa e investigação exaustivas, para apoiar o processo de tomada de decisão. A viabilidade de um projeto pode ser medida de quatro formas:

Viabilidade operacional

Ao automatizar o sistema EMCS para publicar resultados em linha, o utilizador recebe um relatório

muito rápido, uma vez que a manutenção de registos manuais é reduzida. Os erros de registo são

reduzidos, uma grande base de dados é fácil de manusear e evita-se a perda de registos. Tendo em

conta todos estes factores, podemos concluir que todos os utilizadores ficarão satisfeitos com este

sistema.

Viabilidade técnica

São utilizados vários produtos de software para a conceção e o desenvolvimento do sistema.

- Conceção de bases de dados - MySql

- Codificação -PHP, HTML, JavaScript

O software é suficientemente eficaz para produzir o sistema. O projeto será, portanto, tecnicamente

viável.

Viabilidade do calendário

O tempo necessário para o projeto é planeado de forma adequada. Corresponderá ao tempo esperado pelo cliente. Por conseguinte, o produto pode ser entregue ao cliente dentro do prazo previsto, o que

o satisfaz. Por conseguinte, o projeto será viável quando for planeado.

Viabilidade económica

Como o projeto será viável em termos operacionais, técnicos e temporais, o fator económico também

é considerado viável. Neste projeto, temos dois tipos de custos e benefícios:

* Custos e benefícios concretos

* Custos e benefícios intangíveis

O sistema manual requer um grande número de funcionários e documentação em papel. Por

conseguinte, o sistema não era economicamente viável. Após a automatização do sistema,

necessitaremos de menos pessoal e não precisaremos de documentação em papel. Podemos reduzir

os custos e o tempo de obtenção de informação. Pelo menos, posso dizer que o projeto é

economicamente viável.

2.3 Diagrama de casos de utilização do sistema de publicação de resultados EMCS em linha

- **Information Storage**

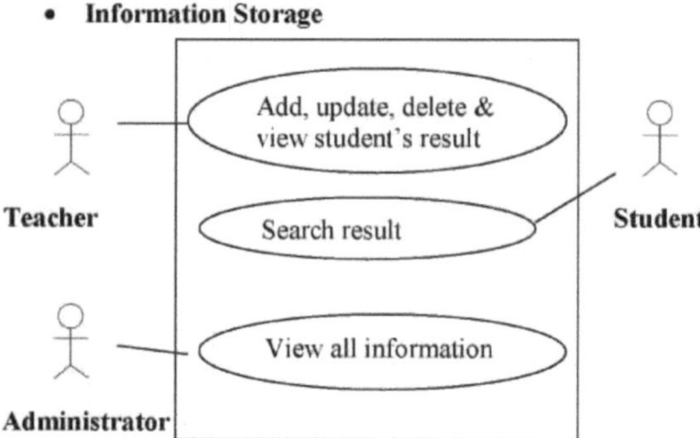

Figura 3: Diagrama de casos de utilização do armazenamento de informações

2.4 Metodologia

Seguimos o processo SDLC para o desenvolvimento do sistema.

2.4.1 Fase 1: Identificação e seleção de projectos

a. Saber como funciona o sistema existente e em que medida foi automatizado, bem como os

actuais desafios e problemas do sistema existente. Por este motivo, falei com Md Golam

Moazzam Sir, Professor Associado da Universidade de Jahangirnagar.

b. Verificar o sistema para eliminar as desvantagens prevalecentes.

c. Determinar os requisitos do sistema proposto.

d. Estruturação dos requisitos do sistema com a ajuda de diagramas de contexto, DFDs de

diferentes níveis.

e. Criar um diagrama de classes.

2.4.2   Fase 2: Iniciação e planeamento do projeto

2.4.2.1   Início do projeto

a. Composição da equipa de lançamento do projeto

b. Construir relações com os clientes

c. Desenvolvimento de um plano para o início do projeto

d. Definição de procedimentos administrativos

2.4.2.2   Planeamento de projectos

a. Definir actividades claras e distintas e o trabalho necessário para completar

cada atividade

b. Descreve o trabalho a ser efectuado

c. Descrição de alto nível do sistema

d. Lista de todos os trabalhos a efetuar

2.4.3 Fase 3: Análise

Analisei todo o sistema existente no EMCS, JU. Não existe um sistema informático de base de dados para o departamento de administração. Por esta razão, tive de fazer um trabalho árduo. Concebi todo o sistema. Também analisei todo o sistema. Observei todo o seu sistema de informação para otimizar a minha conceção.

2.4.4 Fase 4: Conceção do sistema

Conceber a base de dados lógica. Deve ter em conta todos os inputs, outputs e todos os elementos de dados no diagrama de classes. Conclua o protótipo que satisfaz todos os requisitos. Com base neste protótipo, conceba a base de dados física e utilize o modelo de base de dados relacional. Conceba os formulários e os relatórios. Finalize as interfaces, os diálogos e as especificações de conceção.

2.4.5 Fase 5: Realização

Codificar o sistema de acordo com a especificação do projeto. Testar o novo sistema e instalá-lo após um teste bem sucedido. Preparar a documentação do sistema.

CAPÍTULO 3

CONCEPÇÃO DA BASE DE DADOS

Descrição da

Quando o professor preenche o conjunto de dados no software Web ou offline, todos os dados são

guardados na tabela de resultados, a partir da qual os alunos podem procurar os resultados.

3.1 Diagrama de contexto

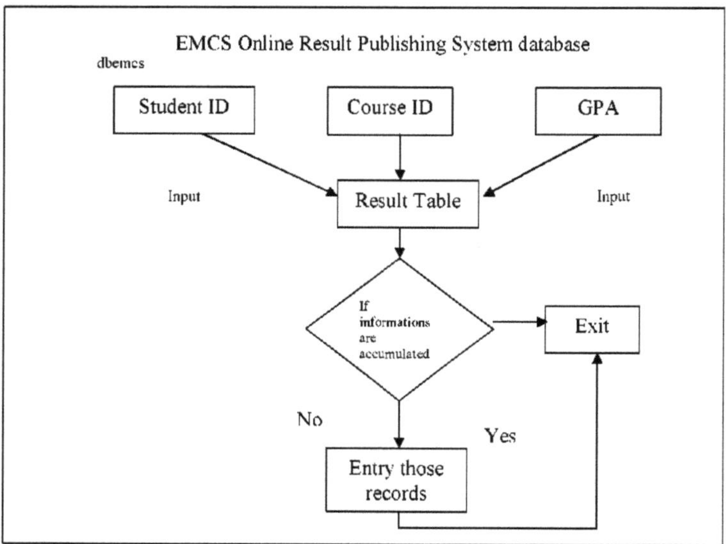

Figura 4: Diagrama de contexto da base de dados

Este é o diagrama de contexto do nosso sistema. Neste diagrama, a ID do aluno, a ID do curso e a

GPA são armazenadas na tabela de resultados. Quando a informação é acumulada, a tarefa é

concluída; caso contrário, os registos são novamente introduzidos.

3.3 Diagrama de classes

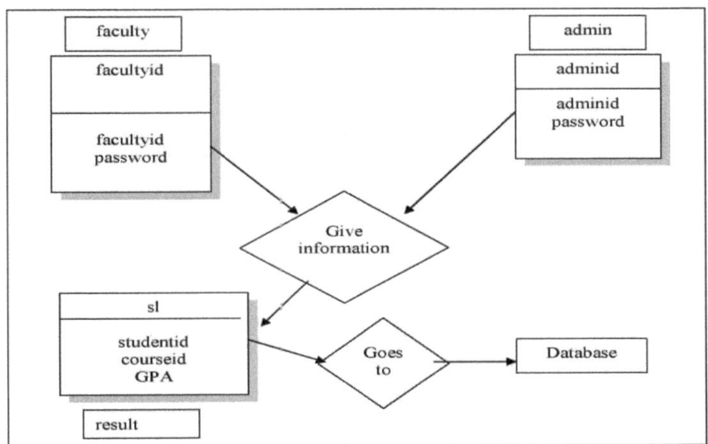

Figura 5: Diagrama de classes da base de dados

3.4 Conceção da base de dados

As tabelas da nova base de dados são indicadas a seguir:

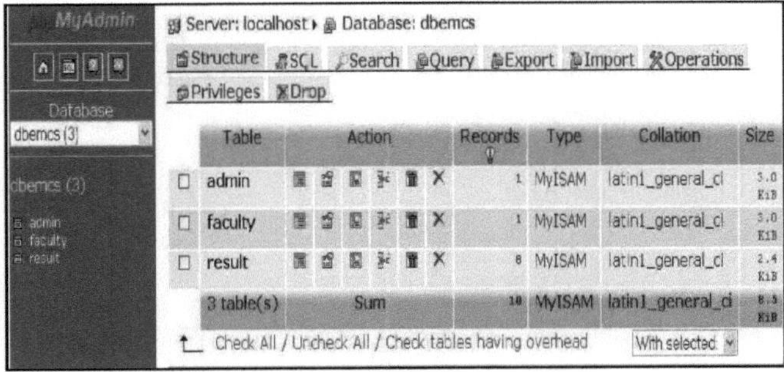

Figura 6: Tabelas da base de dados EMCS

A estrutura da nova base de dados é mostrada abaixo:

1.   admin (tabela de administração)

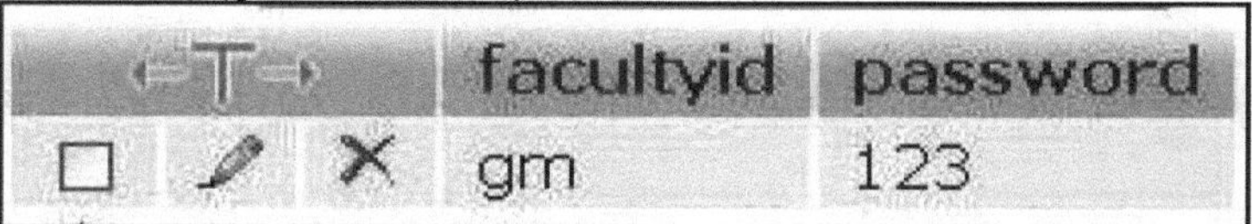

Figura 7: Informações de início de sessão do administrador guardadas na base de dados

Resumo do domínio
1.   adminid: ID do administrador
2.   Palavra-passe: Palavra-passe do administrador

3.4.2 Docentes (quadro dos docentes)

Figura 8: Informações de início de sessão do corpo docente armazenadas na base de dados

Resumo do domínio
3.   facultyid: ID do corpo docente
4.   password: password das faculdades

3.4.3 Resultado (quadro de resultados)

←T→	sl	studentid	courseid	GPA
□ ✎ ✗	11	espa131001	EMCS 679	3.75
□ ✎ ✗	9	espa 131003	EMCS 678	3.25
□ ✎ ✗	10	espa131002	EMCS 678	3.50
□ ✎ ✗	6	espa131001	EMCS 678	4.00
□ ✎ ✗	12	espa131001	EMCS 666	3.25

Figura 9: Registo de dados de resultados na base de dados

Resumo do campo

1. sl: Descreve o número de série do aluno.

2. studentid: ID do estudante

3. courseid: ID dos cursos

4. GPA: GPA do estudante

Ponto-chave: Nesta tabela, sl é a chave primaria.

CAPÍTULO 4

CONCEPÇÃO DA INTERFACE

4.1 Descrição da

Falei sobre o software na conceção da interface. Existem dois programas informáticos no sistema proposto. Um é um software baseado na Web e o outro é um software offline. Ambos os programas são discutidos aqui.

4.2 Software baseado na Web

No software baseado na Web existe uma base de dados na qual são armazenados os resultados dos alunos. Todos os resultados, incluindo o CGPA, são gerados pelo software. Os professores introduzem o registo nesta área.

4.2.0 Vantagens da utilização de software baseado na Web

Há muitas vantagens em utilizar software baseado na Web. Algumas das vantagens são enumeradas a seguir:

Compatibilidade entre plataformas: As aplicações baseadas na Web têm um caminho muito mais fácil para o sucesso da compatibilidade entre plataformas do que as aplicações de software descarregáveis.

Várias tecnologias, como Java, Flash, ASP e Ajax, permitem o desenvolvimento eficaz de programas para todos os principais sistemas operativos.

Atualização: As aplicações baseadas na Web são sempre actualizadas para a versão mais recente sem que o utilizador tenha de agir e sem que seja necessário solicitar ou interferir com os seus hábitos de trabalho na esperança de que iniciem novos procedimentos de descarregamento e instalação (o que por vezes é impossível em grandes organizações).

Acesso imediato: As aplicações baseadas na Web não precisam de ser descarregadas, instaladas e configuradas. O utilizador acede à sua conta online e fica imediatamente pronto a utilizar, independentemente da sua configuração ou hardware.

Simples tentativa e erro: Hoje em dia, especialmente no caso de software dispendioso, ainda há muitas funcionalidades e pequenos pormenores que não podem ser totalmente testados e descobertos antes de se gastar dinheiro numa compra completa.

Requisitos de memória mais baixos: As aplicações baseadas na Web têm requisitos de memória RAM muito mais baixos para o utilizador final do que os programas instalados localmente. Como estas aplicações baseadas na Web são executadas no servidor de um fornecedor, na maioria dos casos utilizam a RAM dos computadores em que estão a ser executadas, deixando mais espaço para que várias aplicações sejam executadas simultaneamente sem uma degradação frustrante do desempenho.

4.   3Software EMCS para o sistema de publicação de resultados em linha

Ferramentas necessárias   : Utilizar códigos   :

1. Dreamweaver   1. PHP

2. XAMPP   2.A MINHA SQL

3. Navegador Web   3.   HTML

                                  4. Script Java

4.4. Diferentes lados do sistema

4.4.1 Página principal

Ligação de páginas

Início: Esta é a primeira página do software. Contém ligações para todas as páginas.

Docentes: Esta ligação leva à página do corpo docente.

Administrador: Esta ligação abre a página de administração que o administrador irá utilizar.

Acerca de: As informações sobre a classificação são apresentadas nesta ligação.

Resultado da pesquisa: Esta ligação conduz a uma página com os resultados da pesquisa.

Abaixo pode ver o diagrama de interface da página inicial do sistema:

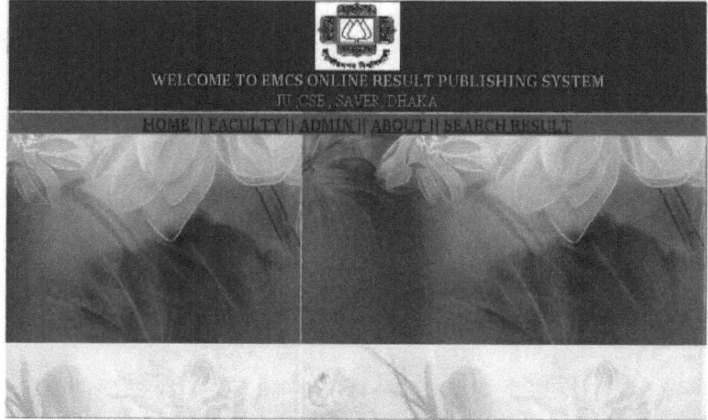

Figura 10: Página inicial

4.4.2 Lado dos docentes:

Caraterísticas: A ligação é utilizada para o registo. Os professores registam-se aqui. Existem dois

campos nesta página.

Resumo do campo

facultyid: O campo contém o identificador do corpo docente.

Palavra-passe: Este campo contém a palavra-passe.

O diagrama da interface de informações sobre a conta pode ser consultado abaixo:

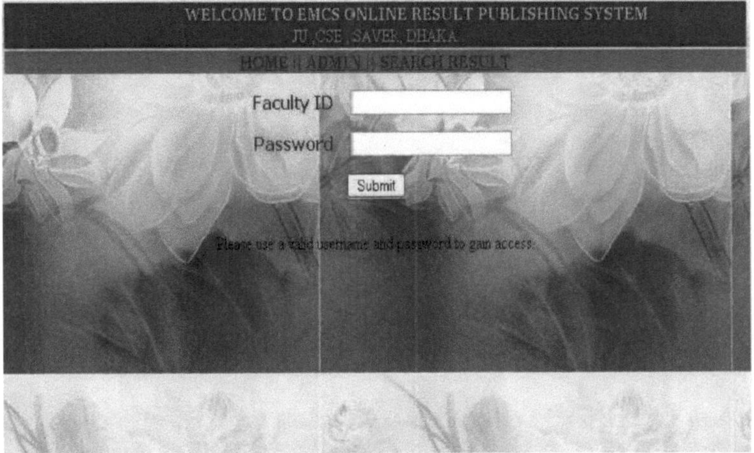

Figura 11: Página dos docentes

i.   Página de apresentação de resultados

Caraterísticas: Esta página é utilizada apenas para a apresentação dos resultados dos alunos. As

faculdades utilizam esta página após o registo.

Resumo do campo

1. ID do aluno: Introduza o ID do aluno neste campo.

2. o   ID da disciplina: Introduza aqui o ID da disciplina.

3. notas: Introduzir as notas recebidas pelo aluno.

4ª   GPA: A GPA do aluno é gerada automaticamente.

O diagrama de interface da página de resultados é apresentado abaixo:

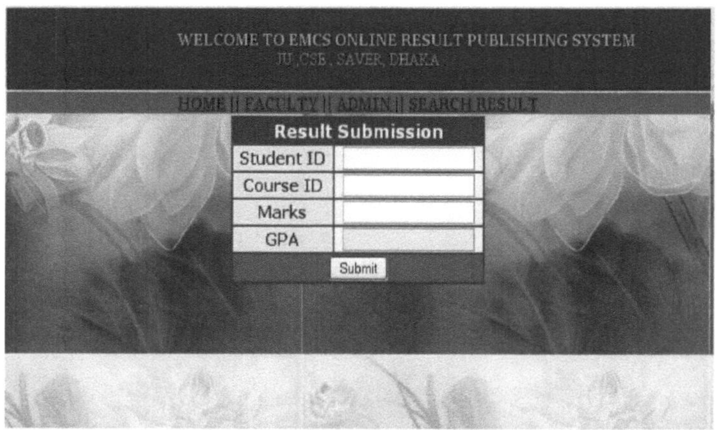

Figura 12: Página de transmissão de resultados

Mostrar página

Caraterísticas: Esta página apresenta as informações de resultados para cada aluno e cada curso.

Existem ligações para procurar resultados de cursos específicos e para eliminar informações

desnecessárias e adicionar uma nova página de resultados. A ligação "atualizar" é utilizada para

atualizar as informações.

O diagrama da interface de informação sobre preços pode ser consultado abaixo:

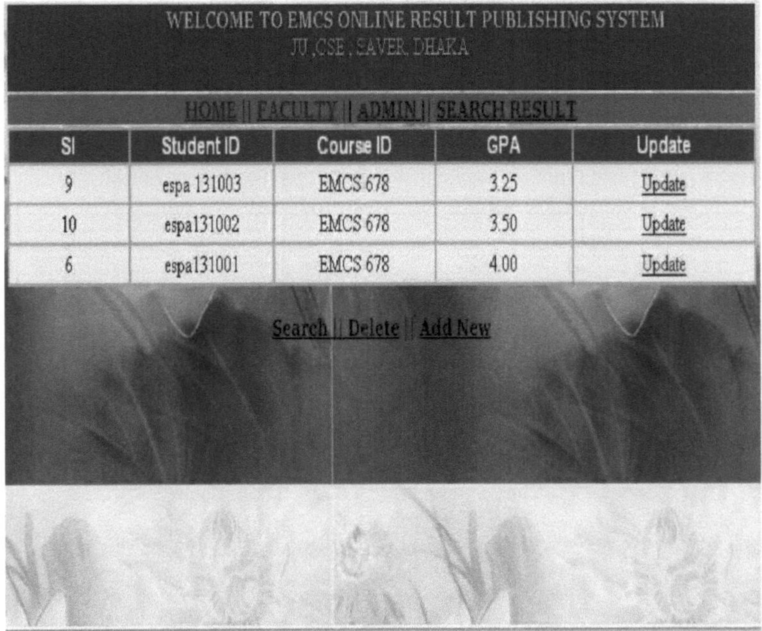

SI	Student ID	Course ID	GPA	Update
9	espa 131003	EMCS 678	3.25	Update
10	espa131002	EMCS 678	3.50	Update
6	espa131001	EMCS 678	4.00	Update

Figura 13: Vista lateral

. Página de pesquisa e eliminação

Caraterísticas: Esta página é utilizada para eliminar informações desnecessárias sobre os resultados

de um determinado aluno, introduzindo a identificação do aluno, e para procurar os resultados de uma determinada disciplina, introduzindo a identificação da disciplina na caixa de texto. Outras

informações sobre páginas ligadas, como a página inicial.

O diagrama de interface da página Procurar e eliminar encontra-se abaixo:

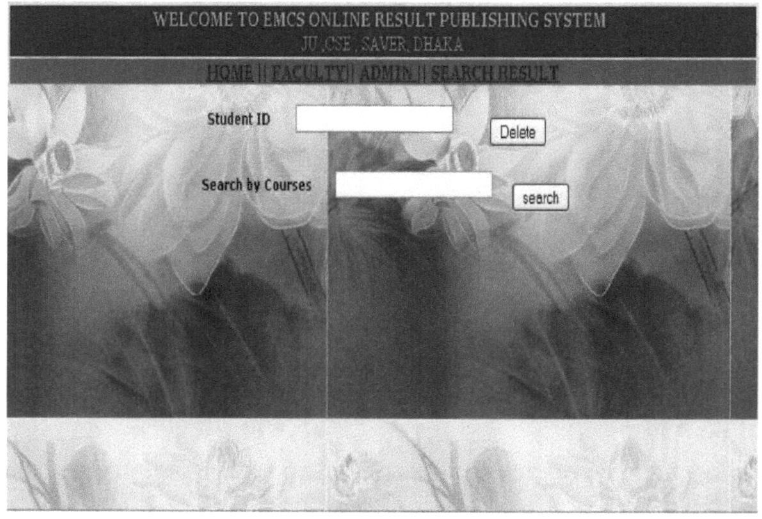

Figura 14: Página de pesquisa e eliminação

Página de visualização dos resultados de um curso específico

Caraterísticas: Esta página apresenta o resultado do respetivo curso.

Em baixo, pode ver o diagrama de interface da vista de resultados de uma disciplina específica:

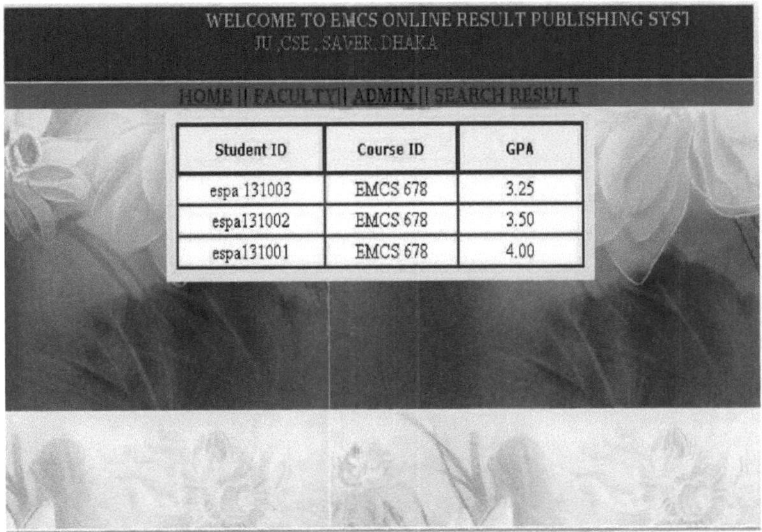

Student ID	Course ID	GPA
espa 131003	EMCS 678	3.25
espa131002	EMCS 678	3.50
espa131001	EMCS 678	4.00

Figura 15: Página com a visualização dos resultados de uma disciplina específica

Página de atualização

Caraterísticas: Esta página é utilizada para atualizar as informações sobre os resultados. Obtemos

esta ligação a partir da página de visualização. Outras informações sobre as páginas de ligação,

como a página inicial.

33

O diagrama da interface de atualização pode ser consultado abaixo:

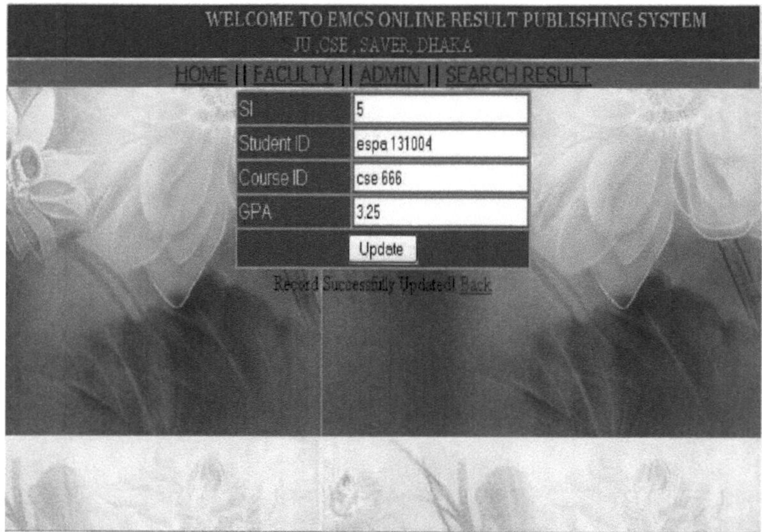

Figura 16: Atualizar a página

Página de início de sessão do administrador

Caraterísticas: Apenas os administradores podem utilizar esta página. Existe uma opção de início de sessão de administrador. A ID e a palavra-passe do administrador são guardadas na tabela de administração. Pode então iniciar sessão na página de administração. Depois de iniciarem sessão, podem aceder facilmente à página interna. Existem dois campos.

ID do administrador: Este campo contém o ID do administrador.

Palavra-passe: Este campo contém a palavra-passe do administrador.

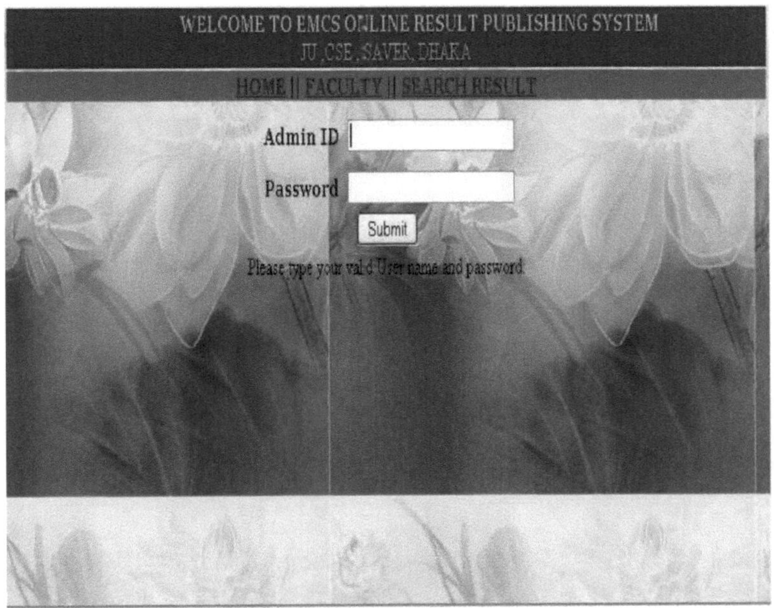

Figura 17: Página de início de sessão do administrador

v.   Página de administração

Propriedades: Esta página é utilizada pelo administrador.

As páginas ligadas são

Início: Esta é a primeira página do software. Contém ligações para todas as páginas.

Apresentação de resultados: Esta ligação abre a página de apresentação de resultados.

Mostrar resultado: Esta ligação abre a página com os resultados.

Resultado da pesquisa: Os alunos podem utilizar esta ligação para procurar o seu resultado.

O diagrama da página do administrador é apresentado abaixo:

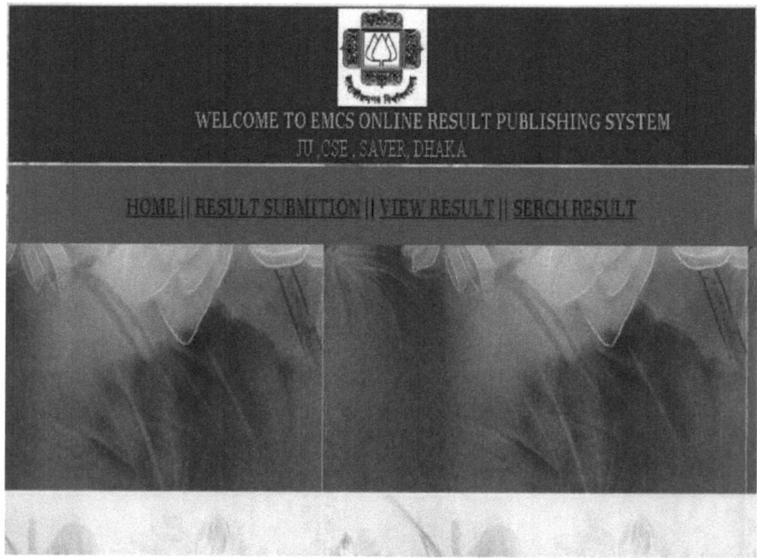

Figura 18: Página do administrador

vi. Página sobre

Caraterísticas: Esta página descreve o sistema de classificação do programa EMCS. O diagrama de interface da página pode ser visto abaixo:

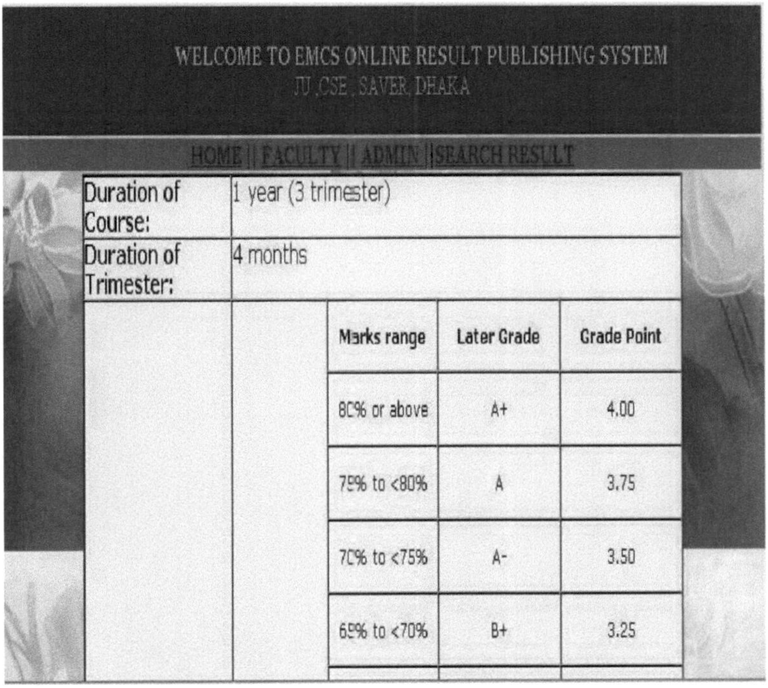
WELCOME TO EMCS ONLINE RESULT PUBLISHING SYSTEM
JU ,CSE , SAVER, DHAKA
HOME || FACULTY || ADMIN ||SEARCH RESULT
Duration of Course:
1 year (3 trimester)
Duration of Trimester:
4 months
Marks range
Later Grade
Grade Point
80% or above
A+
4.00
75% to <80%
A
3.75
70% to <75%
A-
3.50
65% to <70%
B+
3.25

Figura 19: Página de informação

4.4.11 Resultados da pesquisa

Caraterísticas: Esta página é utilizada para procurar resultados e CGPA de uma disciplina específica

de um aluno. O processo será bem sucedido se introduzir o ID do aluno na caixa de texto e depois

clicar na opção "View" (Ver). O diagrama da interface dos resultados da pesquisa é apresentado

abaixo:

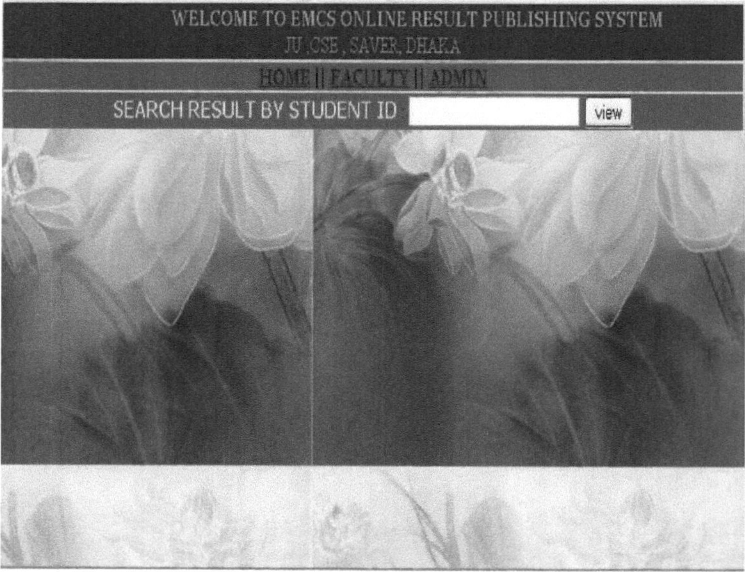

Figura 20: Página de resultados da pesquisa

vii.   Visualizar os resultados da pesquisa

Caraterísticas: Após a pesquisa de cursos, são apresentadas as seguintes informações. O diagrama

da interface dos resultados da pesquisa é apresentado abaixo:

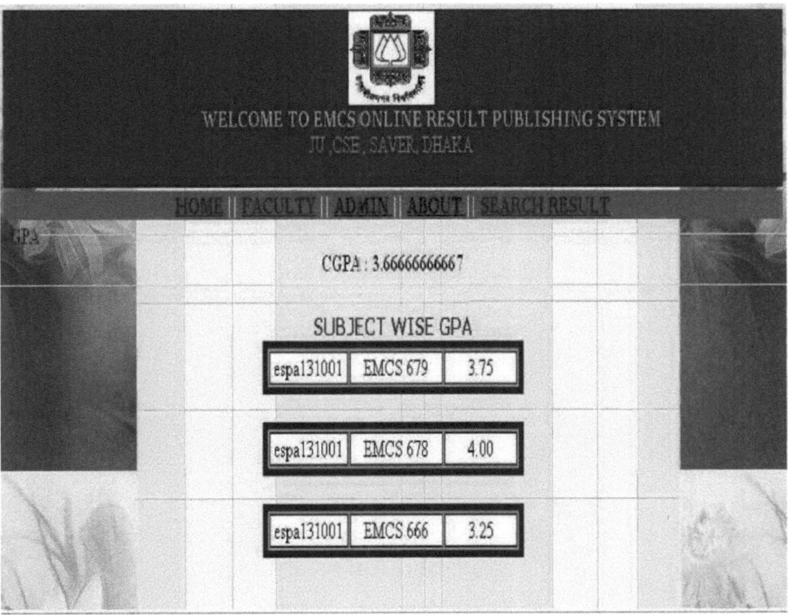

Figura 21: Página de visualização dos resultados da pesquisa

CAPÍTULO 5

RESTRIÇÕES

5.1 Falta de tempo:

Preparei a minha tese num curto semestre. Só tenho algumas semanas. Mas precisas de mais tempo

para o nosso tema de tese. Por isso, não consegui abranger tudo o que tinha pensado. Se tivesse

mais dois meses, poderia preparar outra secção do programa EMCS na Universidade de

Jahangirnagar.

CAPÍTULO 6

DESENVOLVIMENTOS FUTUROS

6.1 Introduzir a entrada por SMS:

No novo sistema proposto, os alunos poderão, no futuro, receber os seus resultados por SMS. O

sistema SMS poupará tempo. Por conseguinte, é importante utilizar o sistema SMS para melhorar as

nossas perspectivas.

Referências

Livros:

[1]   Jeffrey A. Hoffer, Joey F. George, Joshep S. Valacich, (2003). Modern <u>System Analysis &</u>

<u>Design</u>, 482 F.I.E. Patparganj Delhi 110092: Pearson Education Pte. Ltd.

[2]   Joel sobre o software de <u>JOEL SPOLSKY</u>

[3]   ᵗʰConceitos de sistemas de bases de dados, 4 edição, por Silberschatz, Korth, Sudarshan.

[4]   Microsoft Visual Basic 6.0 Professional Passo a Passo. (Livro de bolso)

por Michael Halvorson "

[5]   Bíblia Php 4 (Bíblia (Wiley)) (Brochura) por Tim Converse, Joyce Park "

Sítios Web:

[1] http://www.juniv.edu/cse/offered-courses/emcs/

Índice

Printed by Books on Demand GmbH, Norderstedt / Germany